U0944178

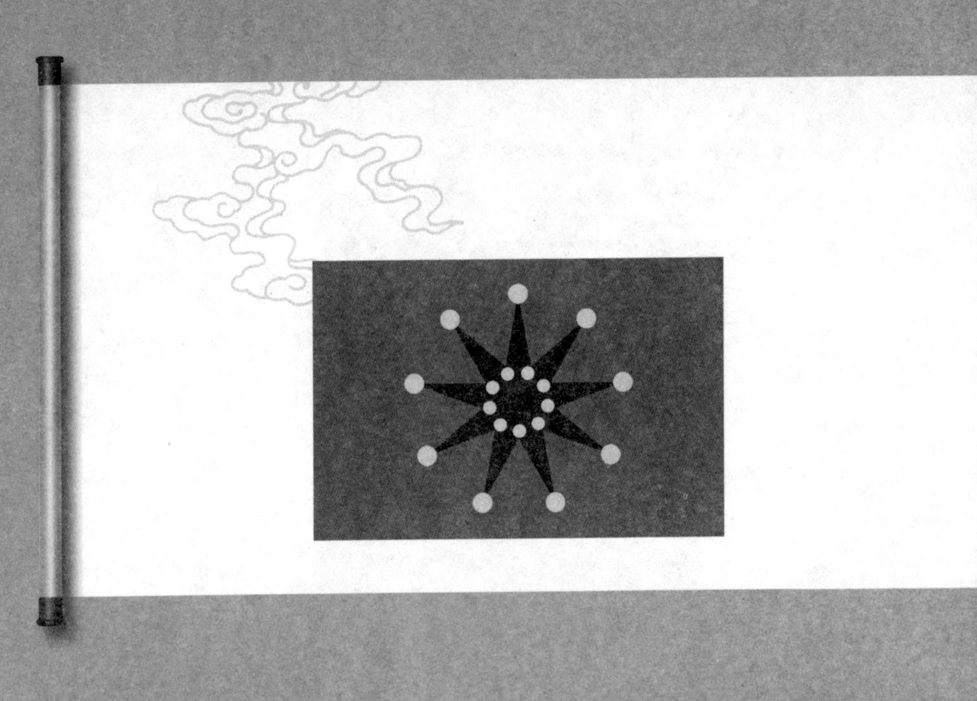

武昌起义

◎主编 金开诚
◎编著 吴迪

吉林出版集团
吉林文史出版社

图书在版编目（CIP）数据

武昌起义 / 金开诚著. -- 长春 : 吉林文史出版社,2011.10 (2023.4重印)
(中国文化知识读本)
ISBN 978-7-5472-0895-3

I. ①武… II. ①金… III. ①武昌起义
IV. ①K257.4

中国版本图书馆CIP数据核字(2011)第209654号

武昌起义

WUCHANGQIYI

主编/ 金开诚 编著/吴 迪
项目负责/崔博华 责任编辑/崔博华 刘姝君
责任校对/刘姝君 装帧设计/李岩冰 董晓丽
出版发行/吉林出版集团有限责任公司 吉林文史出版社
地址/长春市福祉大路5788号 邮编/130000
印刷/天津市天玺印务有限公司
版次/2011年10月第1版 印次/2023年4月第3次印刷
开本/660mm×915mm 1/16
印张/9 字数/30千
书号/ISBN 978-7-5472-0895-3
定价/34.80元

前 言

文化是一种社会现象，是人类物质文明和精神文明有机融合的产物；同时又是一种历史现象，是社会的历史沉积。当今世界，随着经济全球化进程的加快，人们也越来越重视本民族的文化。我们只有加强对本民族文化的继承和创新，才能更好地弘扬民族精神，增强民族凝聚力。历史经验告诉我们，任何一个民族要想屹立于世界民族之林，必须具有自尊、自信、自强的民族意识。文化是维系一个民族生存和发展的强大动力。一个民族的存在依赖文化，文化的解体就是一个民族的消亡。

随着我国综合国力的日益强大，广大民众对重塑民族自尊心和自豪感的愿望日益迫切。作为民族大家庭中的一员，将源远流长、博大精深的中国文化继承并传播给广大群众，特别是青年一代，是我们出版人义不容辞的责任。

本套丛书是由吉林文史出版社组织国内知名专家学者编写的一套旨在传播中华五千年优秀传统文化，提高全民文化修养的大型知识读本。该书在深入挖掘和整理中华优秀传统文化成果的同时，结合社会发展，注入了时代精神。书中优美生动的文字、简明通俗的语言、图文并茂的形式，把中国文化中的物态文化、制度文化、行为文化、精神文化等知识要点全面展示给读者。点点滴滴的文化知识仿佛颗颗繁星，组成了灿烂辉煌的中国文化的天穹。

希望本书能为弘扬中华五千年优秀传统文化、增强各民族团结、构建社会主义和谐社会尽一份绵薄之力，也坚信我们的中华民族一定能够早日实现伟大复兴！

目录

一、黎明前的黑暗——武昌起义背景

人事有代谢，往来成古今。每当翻开中国历史的厚重图卷，古老中国的沧桑与恢弘就一次次在我们面前铺陈开来。当把目光投射在近代中国，我们看到的不仅是一个承受着屈辱与苦难的东方古国，更是一个酝酿着反抗与崛起的伟大民族。中国近代历史，是一部交织着愚昧与觉醒、压迫与抗争的历史，也是古老的中国走向新纪元的重大转折时期。辛亥

革命一举推翻统治了中国两千多年的封建帝制，开启了中国近代历史的新局面，而发生于1911年10月10日的武昌起义，则以它的胜利结束了清王朝的统治，宣告了辛亥革命的发生，其伟大的划时代意义，直到今天仍被后人所铭记。

（一）“天朝上国”的衰落

19世纪的世界风起云涌，工业革命最早在欧洲发生后，整个世界都开始了翻天覆地的变革。然而，西方社会的日新月异与迅速崛起并没有惊醒东方世界里那个醉生梦死的古老王朝。“普天之下，莫非王土”的歌谣传唱了几千年，依然让金銮殿上的统治者沉醉着。就在西方国家的科技飞速发展的时候，古老的中国却犹如一头沉睡的狮子，在紧闭着的国门之内做着“天朝上国”的美梦。

作为四大文明古国之一，中国曾拥有令世界瞩目的辉煌成就。不论科技还是文化，中国都曾领先于世界，拥有傲立于世界的资本。而早在汉唐之际，中国就同东西方众多国家与民族有了平等而友好的交往。在对外贸易上，中国也不是一个自我封锁、具有民族偏见的僻居的国家，它在封建时代同外国进行和平贸易的历史是很悠久的。但由于地理上的种种阻隔，以及多数统治者保守的对外政策，中国在历史上同

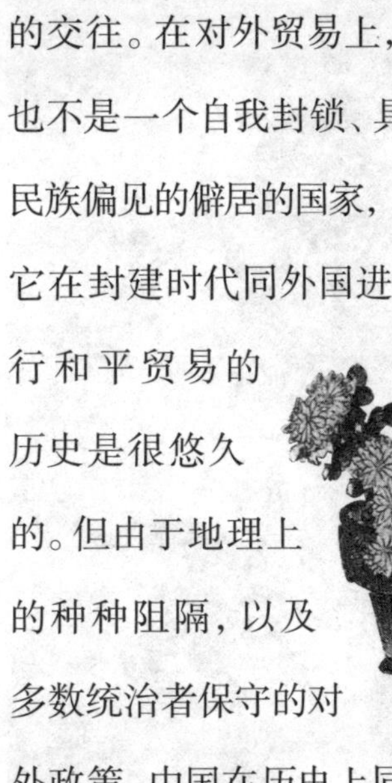

欧洲的联系和交涉是很少的。尽管中国拥有漫长的海岸线，却并没有发展为海上强国，尽管中国早在15世纪就已有“郑和下西洋”的壮举，但并没有产生西方国家“航海大发现”所带来的对世界的巨大震动。

然而，地大物博的中国在自己的国门之内与世无争，整个世界却以不可阻挡

之势发生着翻天覆地的变化。虽然中国一直没有将目光投向遥远的西方，西方人却早就注意到了这个东方神秘的国度，并充满了对这片神奇土地的想象与向往，这个“遍地黄金”的宝地成了西方人魂牵梦绕的天堂。西方人的到来扰乱了中国人固守的秩序与节奏。在当时的中国人心目中，所有西方蛮夷的目的就是战争与抢

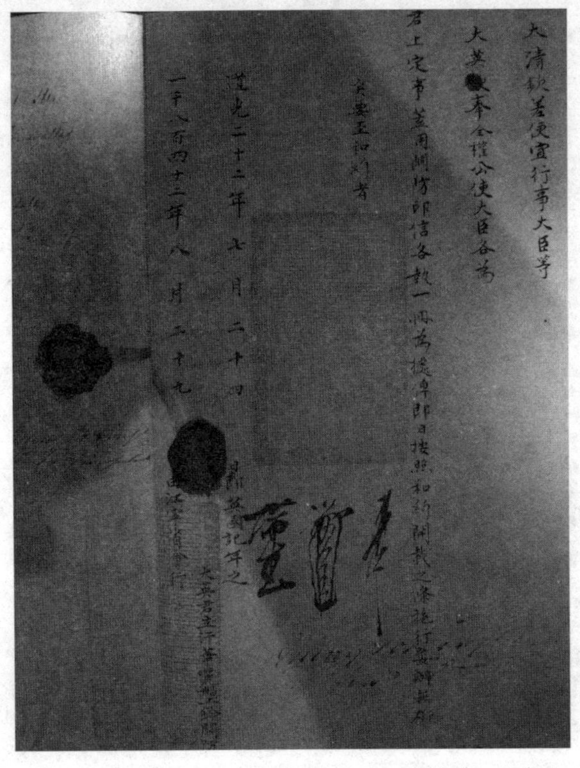
大清欽差便宜行事大臣等
大英 奉全權公使大臣各爲
君上定事蓋用關防印信各執一冊爲據俾即日按照和約開載之條施行
道光二十二年七月二十四日
一千八百四十二年八月二十九日

劫。因此，封建统治者不得不采取必要措施加以防范和限制。18世纪中叶，清政府限制和禁止对外交通、贸易的“闭关自守”政策最终形成了。虽然“闭关锁国”政策本质上或许来源于中国历来所奉行的不具侵略扩张性的对外政策，其初衷也是为了防范外来者的入侵与不法行为，但同时不可忽略的是，清朝实行的闭关政策，在事实上走向了极端，其规定十分之苛刻，直接导致对外贸易呈逐步紧缩的趋势，实际上已接近完全封闭，而这种政策的产生很大程度上源于统治者过分膨胀的自大心理。统治者对于当时的国际形势毫不了解，也不清楚正在迅速崛起的西方国家的力量，甚至不知道它们的具体位置和国家政策。

他们不曾想到，那些来自遥远国度请求觐见的外国使节，已不再是过去驯服于“天朝大国”的朝贡国和藩属，而是具有雄厚经济和军事实力以及侵略野心的资本主义强国了。世界不可能在清王朝的面前俯首称臣，“天朝上国”的美梦注定要被打碎了。

(二) 内忧外患的中国

所有的中国人都不会忘记这一年——1840年。英国工业资产阶级看中了广阔的中华大地这块未能开拓的巨大市场。但是，习惯了自给自足封建经济模式的中国社会却满足于“男耕女织”的生活，对于外来的“洋货”，他们并不需要。英国人不了解这一点，但为了扭转巨大的对外贸易逆差，他们想到了鸦片。一箱箱的鸦片换来的是白银大量外流，但资产阶级商人们仍念念不忘要打开中国这个大市场。

林则徐领导的禁烟运动，成为了一场战争的导火索。鸦片战争爆发了。由于长期奉行的“闭关自守”政策，清政府对世界的发展状况全然无知。面对西方殖民者发动的侵略战争，道光皇帝显示出极度的懦弱无能。他在谕旨中反复强调“上不可以失国体，下不可以开边衅”，可见他在此时要顾及的也只不过是封建君王的尊严，“天朝上国”的思想还在他的头脑中挥之不去。在英军的步步逼近，清廷的节节败退面前，道光皇帝惊慌失措，而以他为中心的一群地主阶级官僚也同样软弱怯懦又妄自尊大。1842年，清政府与英国签订了《南京条约》，也揭开了中国近代不平等条约的第一页。中国社会开始沦为半殖民地半封建社会，一段被列强侵略和宰割的时期开始了。

在那个东方从属于西方的大时代，中国这个古老而有过恢弘历史的国度也难以幸免。历史，不可选择地把中国带入到一个黑暗的深渊。

英国通过战争和《南京条约》攫取了

大量权益，打开了中国紧闭的大门。欧美列强莫不庆幸。葡萄牙、比利时、荷兰、瑞典、西班牙、普鲁士先后派领事或公使来到广东，要求得到与英国同样的贸易权利。之后，美法两国也效法英国，分别与中国签订了《望厦条约》《黄埔条约》，确认了“一体均沾”的原则。至此，封建统治者在战前设立的对外贸易上的种种防范全部崩溃。晚清的封建统治者已没有能力抵抗外国资本主义的侵略。中国开始了被奴役的历史。

19世纪50年代初期，各国列强已不满足于既得利益，企图以“修约”的形式夺取更多特权。由于清政府未能满足以英国为首的西方列强提出的不合理的修约要求，而外国侵略者又迫切希望进一步打开中国市场，以扩大侵略，终于，英法两国找借口挑起了第二次鸦片战争。美

国在这次战争中充当了帮凶的角色，而沙俄也趁火打劫，加紧在北方进行扩张领土的侵略活动。由于统治阶层及其官僚集团的腐朽，清政府在与侵略者交涉的过程中表现出了软弱与无能。第二次鸦片战争后，“闭关自守”政策彻底宣告破产。

此后发生的中法战争，“法国不胜而胜，中国不败而败”，成为近代反侵略战争中一段令国人又恨又痛的记忆。其后，1894年，日本以朝鲜“东学党”起义为导

火索挑起中日甲午战争。这场战争中，清政府奉行的仍然是赤裸裸的避战求和政策。这一次的战败，以及战后签订的《马关条约》，将中国推入半殖民地半封建社会的深渊。

终于，19世纪末，帝国主义各国阴谋掀起一场瓜分中国的狂潮。中国完全沦为半殖民地半封建社会。清朝统治摇摇欲坠，民族危机步步加深，笼罩中华民族的是无边的阴霾。

二、艰难的抗争——武昌起义前声

(一)人民的武装反抗浪潮

自1851年到1864年,由洪秀全领导的太平天国运动掀起了中国近代史上农民起义的高潮。从金田起义到天京陷落,太平天国运动前后历时14年,曾取得了最初阶段的胜利,创建了农民政权,颁布了属于自己的革命纲领,还在中国最早提出了具有发展资本主义意愿的政治纲领——

《资政新篇》。太平天国运动是一次反帝反封建的农民运动，也是中国历史上规模最大、人数最多、时间最长的一次农民战争，是中国几千年来农民战争的最高水平。太平天国运动所创建的农民政权曾占领长江中下游富庶地区多年，其战事波及半个中国，疆域最广阔之时曾占有中国的半壁江山。太平天国运动不仅使清王朝国力大伤，一度动摇了清朝的统治，沉重地打击了中外反动势力，对亚非人民的反殖民斗争起到了巨大的鼓舞作用，体现了时代的特点，而且，它客观上宣扬了民族思想和革命精神，对日后的反清革命和中国社会的改革都产生了重大的影响。

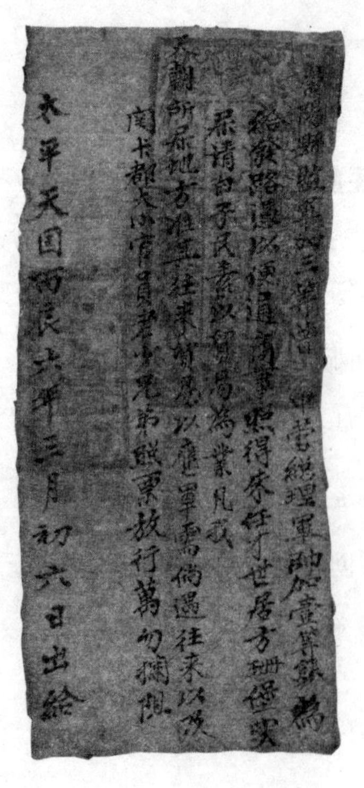
太平天国丙辰六年三月初六日出给

虽然太平天国运动有着难以克服的局限性，并且最终走向了失败，但是它在历史上的重要意义是难以磨灭的。太平天国运动的兴起，无论对于清统治者还是外国侵略者都是一个巨大的威胁。而事实上，中外反动势力也在这时开始勾结起来，共同镇压人民的反抗，以图各自从中渔利——清政府得以苟延残喘，外国侵略者则借此工具更加大肆扩张自己在中国的权益。

太平天国运动的失败，标志着中国近代史上第一次农民革命高潮已经过去。封建统治势力和外国资产阶级逐步勾结起来建立对中国人民的统治。清政府急于消灭各地革命的武装力量，而与此同时，人民武装斗争在许多地区还继续进行了七八年之久，广大农民则进行着抗租抗税和恢复农业生产的斗争。

当时，最重要、最活跃的农民武装力量是北方的捻军。捻军起义战争，从1853年到1868年，前后历时16年，波及皖、鲁、豫、苏、陕等十个省区，歼灭清军及地方团练十万余人，有力地配合了太平天国和北方各地的人民起义，给清朝统治以沉重打击。捻军在长期作战过程中，形成了

自己独特的流动战法，常能克敌制胜。但捻军领导者政治目光短浅，未能形成集中统一的领导和指挥，军事上实行流寇主义，忽视建立巩固的根据地，后期又将军力分为两支，作战指导盲动，以致被清军各个击破，最终全军覆没，走向了失败。

19世纪五六十年代，西北和云贵少数民族地区的人民也都纷纷起义，成为全国性农民革命的一部分。太平天国和捻军相继失败后，清政府就集中力量对他们进行了疯狂的镇压。但人民的武装反抗浪潮始终没有退却，为其后的辛亥革命与清王朝的最终覆灭奠定了一定的基础。

(二) 戊戌变法的维新尝试

在民族危机严重、国内阶级矛盾十分尖锐的情况下，1898年（农历戊戌年），以康有为为首的改良主义者发动了一场资产阶级政治维新运动，这就是历史上的“戊戌变法”。

1895年4月，战败的中国被迫与日本签订《马关条约》，消息传到北京，康有为即发动在北京应试的1300多名举人联名上书光绪皇帝，痛陈民族危亡的严峻形势，提出拒和、迁都、练兵、变法的主张。这件事在历史上被称为“公车上书”。这次上书，对清政府触动不大，却轰动了全国。“公车上书”也揭开了维新变法的序幕。在维新人士和帝党官员的积极推动下，1898年6月11日，光绪皇帝颁布“明定国是诏”诏书，宣布变法。新政从此日开始，到9月

21日慈禧太后发动政变为止，共历时103天，史称“百日维新”。

在此期间，光绪皇帝根据康有为等人的建议，颁布了一系列变法诏书和谕令。主要内容有：经济上，设立农工商局、路矿总局，提倡开办实业；修筑铁路，开采矿藏；组织商会；改革财政。政治上，广开言路，允许士民上书言事；裁汰绿营，编练新军。文化上，废八股，兴西学；创办京师大学堂；设译书局，派留学生；奖励科学著作和发明。这些革新政令，目的在于学习西方的先进知识、文化、科学技术以及经营管理制度、政治制度和教育制度，通过发展农业、工业、商业等，促进中国的资本主义发展，从而建立君主立宪政体，使国家富强。

新政的诸多措施代表了新兴资产阶级的利益，因而遭到了封建顽固势力的强烈抵制。清政府中的一些权贵显宦、守旧官僚对新政措施阳奉阴违，致使各项

措施根本无法真正实现。在光绪皇帝宣布变法的第五天，慈禧太后就迫使光绪连下三谕，控制了人事任免和京津地区的军政大权，准备发动政变。1898年9月21日凌晨，慈禧太后突然从颐和园赶回紫禁城，将光绪皇帝囚禁于中南海瀛台，随后立即发布训政诏书，再次临朝"训政"，发动了"戊戌政变"。政变发生后，慈禧太后下令捕杀在逃的康有为、梁启超，逮捕谭嗣同、杨深秀、林旭、杨锐、刘光第、康广仁、徐致靖、张荫桓等人。9月28日，谭嗣同、杨锐、刘光第、林旭、杨深秀、康广仁六人在北京菜市口被杀害，史称"戊戌六君子"。而此后，所有的新政措施，除7月开办的京师大学堂（即今北京大学）外，全部遭到废止。仅进行了103天的戊戌变法至此彻底宣告失败。

戊戌变法是一次爱国救亡运动，是中国近代史上具有重大意义的事件，它

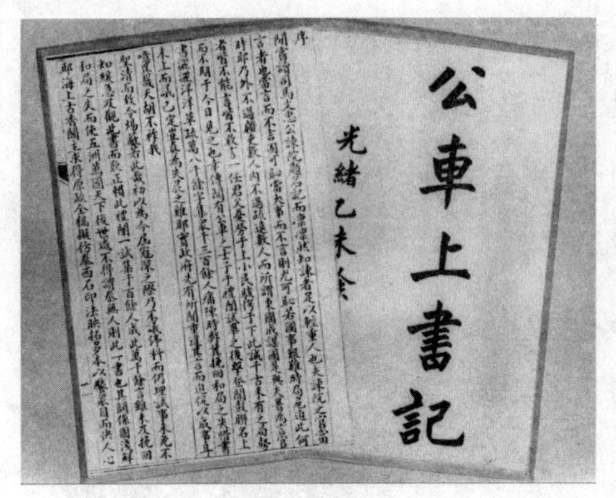

在民族危机加剧的时刻提出了变革的主张，意在使中国走向独立、民主和富强，从而摆脱帝国主义列强的侵略，表现出强烈的爱国热情，激发人民爱国思想和民族意识。

一方面，它是一次资产阶级改良运动，是资产阶级变革社会制度的初步尝试。维新派试图在政治上建立资产阶级君主立宪制，扩大资产阶级政治权力，在经济上要求发展资本主义经济，顺应了历史发展的趋势。另一方面，它又是一次思想启蒙运动，它传播了资产阶级新文化、新思想，批判封建主义旧文化、旧思想，它提倡新学，主张兴民权，对封建思想进行了猛烈的抨击，为近代思想启蒙运动的蓬勃兴起开辟了道路，促进了中国人民的觉醒。维新运动留下的许多遗产，诸如解放思想、变革观念、建立社团、兴办学堂、创办报刊、提倡女学、改易风俗等，更成为中华文明发展史上的宝贵财富。维新派提倡新学，批判旧学，着重宣传“兴民权”，大大地提高了全社会的民主意识和参政意识。从此，民主主义成为汹涌的社会思潮，极大地改变了中国思想文化界的面貌。

戊戌变法的失败，使中国失去了一批支持在体制内进行改革的精英者，代之而起的，是一群主张激烈变革，推翻原有制度和政府的革命者。这也在很大程度上推动了后来辛亥革命的发生与清王朝的覆亡。

（三）义和团的反帝运动

资产阶级救亡运动没有阻挡帝国主义侵略中国的狂潮。就在“百日维新”时期，清政府仍然在出卖着国家的利益与主权，中国的民族危机进一步加深。

义和团运动是19世纪末中国发生的一场以“扶清灭洋”为口号，针对西方在华人士包括在华传教士及中国基督徒所进行的大规模群众暴力运动。1989年，义和团在山东河北交界地区发动起义，其在本质上是一场农民革命，是以农民为主体的群众性反帝运动，其斗争的锋芒

鲜明地指向了帝国主义。

义和团本称义和拳，是长期流行在山东、直隶（今河北）一带的民间秘密会社，至少已有一百年的历史。有人认为义和拳在源流上与白莲教等传统民间秘密团体有关。他们利用设立神坛、画符请神等方法秘密聚众，同时也宣传持符念咒可以“降神附体，刀枪不入”的思想，以此来鼓舞斗志。今天看来，这其中当然掺杂了大量迷信的成分，但义和团的成员在反抗侵略的斗争中表现出了前仆后继的英勇气概，沉痛地打击了帝国主义入侵者。最初，义和拳同当时清朝大部分秘密团体一样，以“反清复明”为口号，反对满族统治，遭到统治阶级的镇压。随着近代中国形势的发展，民族危机逐步加深，以帝国主义侵略为先导的西方势力的冲突代替了满汉之争，成为当时中国社会的主要矛盾。于是，义和团开始支持清朝抵抗西方，改名为“虎神营”，口号也改为“扶清灭洋”。

虽然义和团旗帜鲜明地将矛头指向了洋人，但是，软弱的清朝统治者一再求苟安，一方面不敢得罪洋人，另一方面对反对外国侵略的人民群众采取严厉的镇压手段。义和团运动初期，山东冠县义和拳、平原县义和拳和清朝官兵都发生过较大规模的冲突和战斗。清朝统治者为维护其统治秩序，在义和团运动初期对

其采取了剿杀的政策。

1900年夏，随着义和团运动的迅猛发展，大批义和团开始进入京津地区，直接危及着清朝的统治。统治者深知，如果继续与义和团对抗，清朝统治就面临着被义和团运动的浪潮吞没的危险。于是，清政府不得不将剿杀义和团的政策逐渐改为利用义和团以自保。在这样的情况下，6月9日，慈禧太后“决计不将义和团匪剿除”，而是认为“以之抵御洋人，颇为有用”。6月16日，慈禧太后又召集亲王大臣举行御前会议，发布上谕：将民团“年力精壮者，即行招募成军”。于是，清政府对义和团的策略由“剿灭”改为“招抚”，承认义和团的合法地位，企图加以控制利用。

义和团运动的兴起在一定程度上打

击了帝国主义侵略者的势力，也使得帝国主义列强不断发出武装干涉义和团的叫嚣。1900年4月，英、美、德、法四国公使联合照会清政府，限令两个月内将义和团剿灭，否则就直接出兵“代为剿平”。5月25日，驻京各国公使联合发出照会，胁迫清政府惩办镇压义和团不力的官员。5月29日，各国舰队从大沽口派出陆战队闯入天津。5月31日至6月2日，英、美、俄、日、法、德、意、奥等八国侵略军四百五十多人先后开进北京。6月10日，英、美、俄、日、法、德、意、奥等国组成八国联军，共两千一百多人，由英国海军上将西摩尔率

领，从天津向北京进犯。6月17日，侵华联军向大沽炮台发动进攻，八国联军侵华战争正式爆发。8月14日，八国联军攻陷北京。由于八国联军的血腥镇压，此时义和团力量已遭到严重摧残，不再构成对清政府的威胁，而八国联军的强大侵略势力直接危及着清朝统治。为了维护自己的统治，以慈禧太后为首的清朝统治者迎合侵略者的意愿，于9月7日下令对义和团“严行查办，务尽根诛”，可耻地出卖了义和团，完全成为帝国主义统治中国的工具。

义和团运动在中外反动势力的联合剿杀下失败了，但它的失败也有其自身的深刻原因。义和团运动是以农民为主体的自发性的反帝爱国运动，由于时代和阶级的局限性，不可避免地存在着种种弱点。义和团对帝国主义的认识还处在感性阶段，对清朝封建统治更没有本质的认识，它主观上只反对帝国主义，不反对清朝封建统治，以致被清政府蒙骗利用，这是义和团失败的主要原因。此外，与之前的太平天国运动相比，义和团运动没有提出政权的要求，更没有建立政权，它进行了武装斗争，但没有建立正规的军队，也没有统一的作战计划和战略部署，它进行了英勇的大规模的斗争，但又带有浓厚的封建迷信色彩和严重的分散性。更重要的是，它提出了“扶清灭洋”的口号，却缺乏完整的斗争纲领，一方面笼统、盲目排外，另一方面又对清政府缺乏本质的、理性的认识。虽然在当时的社会条件下，“扶清”主要是“扶住中国”，成为“灭洋”的一种斗争策略，并且在客观上减少了义和团运动发展的阻

力，易于为人们所接受，但是同时也应看到，“扶清”无论在主观上还是在客观上都会使人们丧失对清朝封建统治集团的警觉，使义和团逐渐落入被利用、被控制的圈套，以至于被中外反动势力联合绞杀。时至今日，当我们回顾历史时可以看到，义和团运动在客观上依然沉重打击了清朝的统治，加速了后来清王朝的灭亡。

（四）资产阶级革命政党的成立

从19世纪70年代起，中国开始出现资本主义近代工业。由于它受到外国资本主义的压迫和本国封建主义的摧残，所以发展非常缓慢。到20世纪初期，中国的民族工业有了初步的发展。1911年，投资在万元以上的厂矿企业已有五百多个。随着民族资本主义的发展，中国的民族资产阶级也逐渐形成独立的阶级，并产生了一大批资产阶级、小资产阶级知识分子。

这批民族资产阶级中的先进者对民族灾难有着深刻的认识和深重的忧患，为了寻求救国救民的真理，他们纷纷向西方学习，积极发行各种进步书刊，宣传民主革命思想，还组织各种革命小团体，积极开展爱国革命活动，其中较著名的有兴中会、华兴会、光复会等。他们当中有以康有为、梁启超为首的改良派，代表资产阶级上层的利益，他们虽然也介绍过西方资产阶级的学说，参加过爱国宣传活动，但他们主张实行君主立宪，只要求取得参政的权利，不愿与清王朝决裂；同时，以孙中山为代表的革命派，代表资产阶级中下层的利益，他们主张用暴力推翻清王朝的君主专制统治，建立民主共和国，为发展资本主义开拓道路。

革命形势的急速发展客观上要求有一个全国性的统一政党来进行领导革命的工作。1894年，孙中山在檀香山创立兴中会，率先举起了民主革命的旗帜。兴中会的誓词中鲜明地提出了“驱除鞑虏，恢复中华，创立合众政府”的主张，为日后的革命起义奠定了基础。1895年与1900年，孙中山在广州和惠州（今惠阳）三洲田组织了两次起义，虽然起义失败了，但这为资产阶级革命派的武装反清揭开了序幕。此后，孙中山积极奔走，进行革命的宣传和组织工作。1905年8月20日，孙中山在日本东京促成了兴中会与华兴会、光复会等革命团体的联合，成立中国同盟会。在同盟会成立大会上，孙中山被推举为总理，黄兴为庶务。会议还通过了“驱除鞑虏，恢复中华，创立民国，平均地权”的政治纲领，并决定暂设总部于东京，在国内外分设支部，支部之下设立各省区分会，同时将华兴会机关刊物《二十世纪之支那》改组为《民报》，作为同盟会的机关刊物。在发刊词中，孙中山首次提出了“三民主义”的学说，即“民族、民权、民生”。同盟会的成立，使资产阶级革命派有了全国性的统一政党，标志着中国的民主革命运动进入了一个新阶段。

1905年到1911年是旧民主主义革命迅速发展达到高峰的时期。同盟会成立后，一面同改良派展开激烈的论战，坚持只有推翻清朝君主专制统治，中国才有前途；一面积极在国内外发展组织，联络华侨、会党和新军，发动武装起义。在同盟会的领导和影响下，各地革命党人积极着手准备发动武装起义，从1906年起先后发动起义十多次，其中一部分是以运动会党为主发动的起义，另一部分则是以运动新军为主的起义。前者如1906年12月湘、赣边界的萍浏醴起义，1907年5月的广东潮州黄冈（属饶平县）起义，6月的惠州七女湖（属归善县）起义，9月的钦州防城起义，12月的广西镇南关起义，1908年3月的广东钦州上思起义，4月的云南河口起义，此外，还有光复会领导人徐锡麟、秋瑾发动的皖浙起义。会党是一支有组织的力量，其成员大多处在社会最底层，富有反抗精神，且与农民群众有较多的联系，在反清起义中常常起到冲击的作用，因此革命党人常依靠会党发动起义。但另一方面，会党的成分复杂，纪律松弛，既缺乏明确的政治方向，又缺少训练与充足的军饷，一般都是仓促起

义，很难取得成功，也不能坚持长期的斗争。

另一种起义是多以运动新军为主的武装起义。由于当时的新军士兵多数来自比较贫苦的农民家庭，容易激发其革命情绪，而且，新军的选募有一定的严格要求，需要粗通文墨，其薪饷也高于旧式军队，所以，许多贫寒的知识分子为寻求出路而选择“投笔从戎”的现象比较普遍，而他们也更容易接受民主革命思想。此外，新军的中下级军官多从武备学堂的学生中选拔任用，还有的是从日本等国的军事学校留学归国的学生中选拔，这样，就有一大批资产阶级、小资产阶级知识分子进入新军，他们中有些人还是同盟会员，利用合法身份秘密地从事革命活动。此时，经过革命党人的积极活动，开始出现了以新军为主的起义高潮。包括1908年11月由熊成基等领导的安庆马炮营起义，

1910年2月由倪映典等率领三千新军进攻广州城的起义，以及1911年4月27日爆发的著名的广州黄花岗起义。但这些起义多数都势单力薄，缺乏统一指挥，没有与当地群众广泛地联系起来，都以失败而告终了。但是，频繁的武装起义引起了清廷极大的震惊，统治者开始严令各省督抚加强对新军的防范，而革命党人也在不断吸取经验教训的过程中，激励了革命斗志。

在1909年至1911年期间，孙中山辗转多国，积极奔走，在各国华侨、留学生中筹划革命经费并努力争取外国政府的支持，然而所得极为有限。与此同时，同盟会及其周边组织快速扩张规模，并于1910年1月，成立同盟会美洲地区总会，期望能吸收更多海外华侨参与革命，革命的声势逐渐壮大起来。

三、革命的曙光——武昌起义经过

(一) 导火事件

自戊戌变法失败后，激进的革命主张被越来越多的仁人志士所认同。随着帝国主义对中国侵略的加深，中国的各种社会矛盾不断激化，人民群众的反抗斗争持续不断，革命党人不断发动武装起义。1906年，清政府迫于压力，抛出了“预备立宪”的挡箭牌，企图以此缓解革命的压力，但其实质是为了加强皇族的权力。1908年，慈禧太后与光绪皇帝相继去世，年仅3岁的宣统皇帝溥仪继位，其父载沣摄政。1911年5月，清政府公布的内阁名单中满族人有九名（其中七名是皇族），汉族有四名，被称为“皇族内阁”。立宪派对其大失所望，有少数人转而参加了革命党。

同时，19世纪末20世纪初，辛亥革命元老、中国现代教育奠基人何子渊、丘逢甲等人开风气之先，排除顽固守旧势力的

干扰，成功创办了新式学校，其后，清政府迫于形势压力，也对教育进行了一系列改革，颁布新学制，废除科举制，并在全国范围内推广新式学堂，西学逐渐成为学校教育的主要内容。正是由于这一教育方式的转变，得以培养了大量具有进步思想和改革精神的新式人才，为后来的辛亥革命和国家建设提供了保障。

20世纪初，随着帝国主义侵略势力的深入和中国民族资产阶级力量的逐渐增长，收回铁路主权的呼声日益高涨。1911年5月，清政府将广东、四川、湖北、湖南等地商办的粤汉、川汉铁路收为国有，然后再卖给外国，企图以此取得外国的支持，以维护其腐朽的统治，同时更是没有解决如何补偿民间损失的问题，激起了大规模的人民反抗运动——保路运动。保路运动最激烈的是四川，清政府紧急调动湖北新军入四川镇压，导致湖北兵力空虚，革命党人决定借此机会发动起义。保路运动也因此成为武昌起义的导火事件。

保路运动也称为“铁路风潮”，是广东、湖南、湖北、四川等省人民反对清政府将民办的川汉、粤汉铁路出卖给帝国主义的一场群众运动，是由帝国主义掠夺中国路权和清政府卖国求荣而引起的。19世纪末以来，帝国主义为了扩大对中国的侵略，进一步奴役中国人民、掠夺中国财富，开始对中国进行铁路投资，争夺铁路的修筑权。因为一旦窃取了铁路，不仅可以利用它调运军队，镇压人民的反抗，而且可以直接控制铁路沿线的城镇乡村和矿产资源。由于粤汉、川汉铁路是沟通南北和深入内地的两条重要干线，因而成为帝国主义争夺的首要目标。广东、四川、湖南、湖北四省人民为了夺回这两条铁路的自办权，采用征集“民股”的办法，由地方政府在税收项下附加租股、米捐股、盐捐股、房捐股等，来筹集筑路的资金。经过几年的筹集，包括绅商、地主，甚至一些农民在内的四省人民都握有铁路的股票。粤汉铁路已经开始修筑，川汉铁路从宜昌到万县的一段也已动工，以当时情况来看，这两条铁路完全可以自主修建。但是，帝国主义为了扩大自己在中国的权益，限制中国人对铁路的自主权，就利用清政府财政困难进行要挟，迫使清政府订立了铁路借款合同，宣布了铁路干线国有政策。根据借款合同，英、美、法、德等帝国主义不但掌握了铁路权，而且还要以湖南、湖北两省的盐税厘金作为抵押，所谓铁路“国有”，只是一个幌子，其实质是剥夺了中国人自办铁路的主权，而将川汉、粤汉铁路拱手让给了帝国主义。广大人民为两条铁路的筹办付出了巨大的努力，却看到清政府公然出

卖路权，许多绅商也因铁路国有损害了他们的利益而非常不满。于是，一场具有广泛群众基础的、轰轰烈烈的保路运动爆发了。

在保路运动中，首先起来反抗的是湖南人民。湖南的保路运动发起得十分早，早在1908年冬，湖南全省就掀起了以“拒债”“集股”为中心的保路热潮。清政府“铁路国有”政策公布后，湖南全省人民奔走呼号，抗议清政府出卖国家主权。1911年5月14日，长沙举行了各阶层人士参加的万人群众集会，决议拒外债、保路权。16日，长沙、株洲又有万余铁路工人游行示威，并号召商人罢市，学生罢课，拒交租税以示抗议。在湖南人民的带动下，湖北、广东、四川的人民也都积极行动起来，保路运动很快发展成为声势浩大的武装起义。在很短的时间内，湖南、湖北、广东的保路风

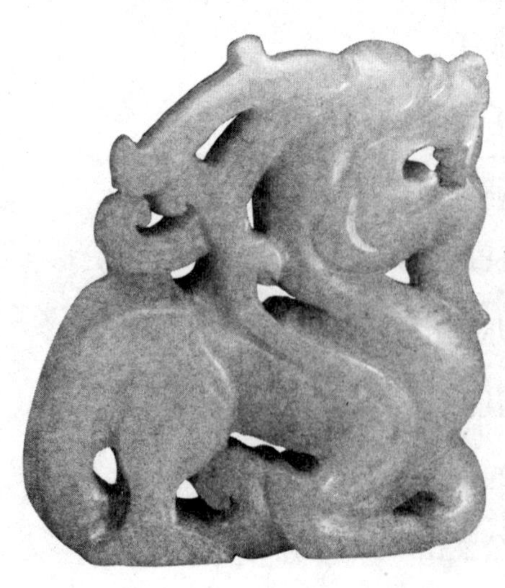

潮连成一片，声势浩大。全国各地以及海外侨胞、留学生也纷纷集会，并通电、写信予以声援。

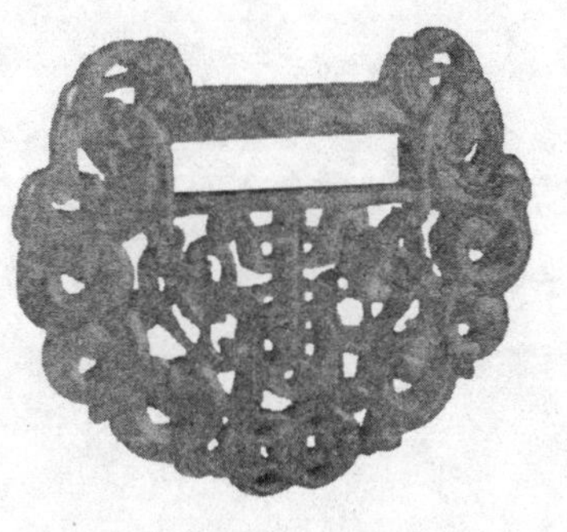

运动在四川省发展得尤为激烈，各地纷纷组织保路同志会，并推举立宪党人蒲殿俊、罗纶为正副会长，以“破约保路”为宗旨，参加者不到十天就发展到十万人。保路运动的迅速发展迫使清政府下令镇压，但其高压政策加剧了人民对它的仇恨，开始从和平保路转向了武装斗争。清政府获知四川各地同志军起义的消息后，在不到半个月的时间里先后调派端方从湖北带新军日夜兼程赶赴四川，并命令曾担任四川总督的岑春煊前往四川，会同赵尔丰办理剿抚事宜，还从湖南、广东、陕西、甘肃、贵州、云南等省派兵前往四川增援。但是，湖北新军被调入四川，造成了武汉空虚，给后来武汉革命党人发动起义提供了一个绝好的机会。这场保路运动转向反清的武装斗争，而且形势锐不可当。9月25日，“延安五老”之一的吴玉章、同盟会成员王天杰、龙鸣剑等人领导荣县独立，荣县也成为全中国第一个脱离清王朝的政权，由此将保路运动推向了高潮，成为了武昌起义的先声。

声势浩大、规模壮阔的保路运动，沉重地打击了帝国主义和清政府的统治，为当时全国革命形势的发展开辟了道路，极大地鼓舞了资产阶级革命党人的斗志，为武昌起义的胜利创造了条件，直接导致了辛亥革命的总爆发，为中国资产阶级民主革命立下了不朽的功绩。

（二）前期准备

在各个地区的新军工作中，最有成效的是武汉革命党人。当时，在武汉影响较大的革命团体是文学社和共进会，文学社成立于1911年，是由科学补习所、日知会、军队同盟会、振武学社等革命小团体演变而成的，社长为蒋翊武。该社成立不久，就得到了迅速的发展，很快就拥有社员约三千人。共进会则是一部分原籍长江中上游的同盟会员，因不满意总部只注意在华南边境发动起义，于1907年秋在日本东京成立的。1908年10月，孙武、焦达峰等人奉命回国，秘密在汉口设立机关

并发展组织，到1910年冬，共进会会员也已发展到两千余人。

在文学社与共进会成立以前，湖北的许多革命党人就以运动新军为工作重点，他们纷纷投笔从戎，亲身投入到战斗的前线，长期深入士兵之中，进行宣传组织工作，积蓄革命力量。文学社与共进会成立后，这方面的工作更有成效，并取得了许多有益的经验。他们在新军中秘密散发革命书刊，启发官兵的爱国思想，并通过演讲会、编唱歌曲、吟诗联句等各种宣传教育的方式传播革命思想。在他们的大量工作下，湖北新军中的革命力量日益壮大了起来，到1911年秋，在一万七千多人的湖北新军中，有将近三分之一参加了革命组织。另外，在武汉周围各县，革命党人还联络了一批会党、农民、士兵和学生。

文学社和共进会两个革命团体在湖北新军中积极开展革命宣传工作，在新军中发展革命力量，为革命起义做了充足的准备。1911年初，两团体领袖就准备起义的相关事宜进行了秘密会谈，确定文学社社长蒋翊武为革命军临时总司令，共进会孙武为参谋长，以文学社的机关为临时总司令部。这都为后来的武昌起义奠定了基础。

（三）起义经过

武汉历来以“九省通衢”而闻名，是当时国内仅次于上海的第二大城市。由于它的特殊地理位置和政治意义，武汉一直都是帝国主义侵略中国的重要据点和清朝反动统治的一个中心，也是资产阶级革命力量发展迅速的地区和各省革命党人联系的枢纽。

武汉地区的革命与反革命斗争也异常激烈。自1904年武汉第一个革命团体科学补习所成立以来，湖北革命党人便把新军作为进行革命活动的主要对象。科学补习所设有专门负责新军工作的干事，不断将青年学生、会党群众输送入伍，努力扩大新军中的革命力量。虽然革命团体遭到几次破坏，团体名称一再变更，但从日知会、湖北军队同盟会、群治学社、振武学社，到文学社以及共进会等革命团体，都有许多革命知识青年以入伍为掩护，长期潜伏在军队里进行艰苦细致的宣传工作和组织工作。根据多年积累的秘密工作的经验，革命党人在湖北新军的标（团）、营、队（连）各级都推举了他们的代表，组织网遍及湖北新军各基层单位，参加革命组织的士兵群众达五六千人，占湖北新军总数的三分之一左右，为武昌起义的发动奠定了坚实的基础。

1911年的广州起义和四川保路风潮，大大鼓舞了全国人民的斗志。在保路运

动如火如荼地进行时，清政府为扑灭四川的人民起义派出大臣端方率领部分湖北新军入川镇压，致使清军在湖北防御力量减弱，湖北革命党人决定利用这个大好时机，在武昌发动起义。

为了加强对武汉地区革命力量的领导，共进会和文学社两个革命团体在同盟会中部总会的斡旋下决定联合行动。1911年9月14日，文学社和共进会在同盟会的推动下建立了统一的起义领导机关，9月24日，两个革命团体召开联席会议，推举文学社领导人蒋翊武为湖北革命军总指挥，共进会领导人孙武（即孙葆仁）为参谋长，两团体的重要骨干刘尧澄、彭楚藩等为军事筹备员，并决定于10月6日发动起义。他们拟定了起义的详细计划，推定了武装起义后军政府的负责人，草拟文告，派人到上海迎接同盟会领导人来鄂主持大计，同时和邻近各省进行联系，策动响应，为起义进行了周密的准备和部署。但是，由于革命党人的活动被湖北当局察觉，不得不提高警惕，再加上同盟会的重要领导人黄兴、宋教仁等未能赶到武汉，起义被迫延期。

10月9日，孙武等人在汉口俄租界配制炸弹时不慎引起爆炸，俄国巡捕闻声赶来，孙武逃匿医院，革命党人名册、起义文告、旗帜、符号、印信等全被搜走，革命党人秘密泄露。第二天，设在武昌的指挥起义的秘密机关又遭破坏，彭楚藩、刘尧澄等被捕，蒋翊武逃脱。湖广总督瑞澄下令杀害彭、刘及杨洪胜三人，关闭四城，按照查获的名册四处搜捕革命党人，武昌形势顿时紧张起来，革命形势十分危急。迫于形势，革命党决定立即于10月9日晚12时发动起义，但由于武昌城内戒备森严，各标营革命党人无法取得联络，当晚的计划落空。

面对严峻的考验，革命党人和新军

中的革命士兵群众，没有畏惧退缩，在失去指挥机关的紧急情况下，他们自行联系，约定以枪声为号，毅然决定于10月10日晚发动起义。当晚，新军工程第八营的革命党人打响了武昌起义的第一枪。他们打死镇压起义的反革命军官，几十人冲往楚望台军械库夺取弹药。军械库守军中的革命士兵们闻风响应，一举占领了楚望台。接着，步、炮、辎重各营和军事学堂学生约五营兵力，亦以举火为号，发动了起义，齐集楚望台，其后，武昌城内的29标的蔡济民和30标的吴醒汉也率领部分起义士兵冲出营门，赶往楚望台，此外，武昌城内外各标营的革命党人也纷纷率众起义，并赶向楚望台，起义人数此时已多达三千多人，原日知会员、队官吴兆麟被推举为临时总指挥。

10月10日晚10点30分，起义军分三路进攻总督署和旁边的第八镇司令部，同时命令已入城的炮8标在中和门及蛇山占领发射阵地，向督署进行轰炸。起义军最初的进攻由于没有一个强有力的指挥，加上兵力不够，导致连连受挫。晚12点后，起义军再次发起进攻，并突破敌人防线，在督署附近放火，以火光为标志，蛇山与中和门附近的炮兵向火光处发炮轰击。湖广总督瑞澄打破督署后墙，从长江坐船逃走，第八镇统制张彪仍旧在司令部顽抗。起义军经过反复的进攻，终于在天亮前占领了督署和镇司令部。张彪退出武昌，整个武昌此时已在起义军的掌控之中。革命士兵们奋不顾身，血战通宵，占领了总督衙门、藩库等重要机关，缴获步枪数万支，炮数十门，子弹数十万发，湖广总督瑞澄仓皇逃往停泊长江的兵舰上。起义军一夜之间占领了武昌城，取得了首义的胜利。

10月10日深夜，正在保定军咨府军官

学校（后改名陆军大学）学习的同盟会嘉应州主盟人何子渊六弟何贯中，与同寝室的李济深等同学立即将军校学生组织行动起来，第一时间炸毁了保定附近的浏河铁桥，成功阻止了清军南下镇压革命运动，为革命党人赢得了宝贵的准备时间。

在武昌起义取得阶段性胜利之时，汉阳、汉口的革命党人也闻风而动，分别于10月11日夜、10月12日光复汉阳和汉口。武汉三镇完全为革命党人所控制。

这时，革命所面临的首要任务是立即建立革命军政府，扩大革命的成果，把革命继续推向前进。湖北革命党人一直奉孙中山为领袖，而文学社和共进会都与同盟会有密切的联系，但孙中山此时远在海外，直到12日上午才获悉武昌起义的消息，一时不可能赶回国内。黄兴和同盟会其他重要领导人也分别在香港、上海等地。直接组织这次起义的文学社、共进会的领导者，在起义前，有的负伤，有的牺牲，有的被迫逃出武汉，都无法出面主持大局。11日，经过一夜战斗的起义士兵群众，聚集在湖北谘议局，准备推举都督，建立革命军政府，他们没有意识到应当把军政府的权力掌握在自己手里，错误地以为需要社会上有名望地位的人出面以资号召，于是邀请谘议局议员和地方绅商举行会议，决定推举清朝高级军官、二十一混成协（旅）的协统黎元洪为军政府的都督。

黎元洪早年毕业于北洋水师学堂，后来在北洋海军中任职，甲午战争后曾投奔湖广总督张之洞，颇受张的宠信，三次被派往日本学习，由管带升至协统的职位。在10月10日晚的起义中，黎元洪仍坚持顽抗，还亲手杀死了两名响应起义的士兵。起义的迅速胜利，迫使他仓皇逃到一个营管带家里躲藏。由于他平时在汉族官僚中以“开明”著称，起义前革命党人就有过推他为都督的拟议。黎元洪并不愿意顺从革命，又不敢公然反对，他是被革命党人用手枪逼上都督席位的。

湖北军政府设军令、参谋两部，军政多由参谋部主持。至于政务、交涉等事务，革命党人因感无力承担，提出愿意让湖北谘议局议长汤化龙担任民政部长，主持有关工作。汤化龙原是立宪派首领，在立宪运动破产后对清政府感到绝望。他在11日推举湖北军政府都督的会议上表示赞成革命，“关于军事，请诸位筹划，兄弟无不尽力帮忙”。过了几天，他便公布了一个冒称同盟会东京本部草拟的《中华民国军政府条例》，由都督兼总司令，改民政部为政事部，下设外交、内政、财政、司法、交通等七局，总揽政务。政事部由汤化龙任部长，下面七个局的正副局长几乎都是同他一样的旧派人物。这个条例不久即被革命党人否定，各局一律改为部，只给汤化龙留下一个编制部长的闲职，其他各部都由革命党人负责，汤化龙也因此弃职而去。但是首义的湖北军政府，由新军高级军官、立宪派首领出面主持，却具有一种“示范”的作用，为后来响应革命的许多省份所效法。

首先响应武昌起义的是湖南和陕西两省。10月22日，湖南革命党人焦达峰、陈作新等发动会党和新军进攻长沙，巡抚余诚格逃遁，起义军推举焦、陈为正、副都督，建立湖南军政府。湖南起义后，不仅巩固了湖北的后方，而且派遣军队支援了武汉抗击清军的战斗。同一天，陕西同盟会会员景梅九、井勿幕等联络会党和新军起义，护理巡抚钱能训逃走，陕西军政府在西安建立，原日知会会员、新军队官张凤翙为都督。井勿幕率领起义军渡河攻入山西，从侧面威胁南下的清军，并切断了清政府和西北地区的联系。

10月23日，驻江西九江的新军响应武昌起义，拥标统马毓宝宣布独立，成立九江军政分府。九江独立，解除了长江下游清军对武汉的威胁。31日，同盟会员蔡公时联合南昌各界在谘议局开会，准备拥清朝巡抚冯汝骙宣布独立，冯拒绝接受。蔡公时发动新军起义，建立了江西军政府。后来，由同盟会员李烈钧任都督。

10月29日，山西新军中的革命党人发动起义，杀死巡抚陆钟琦，组成山西军政府，由新军协统阎锡山任都督。

10月30日，云南同盟会员李根源、罗佩金联合新军协统蔡锷以及管带唐继尧等发动起义，组成云南军政府，蔡锷为都督。

11月3日，上海的同盟会员张承槱等发动工人、防营和会党起义，次日攻克江南制造总局，占领了上海，同盟会员陈其美被推举为上海军政府都督。

上海起义直接推动了浙江、江苏的独立。11月4日，浙江革命党人在上海的支援下，联合新军和防营占领了杭州，立

宪派首领汤寿潜出任浙江军政府都督。上海起义的消息传到苏州，江苏立宪派和绅商、官僚立即抢先一步，要求巡抚程德全宣布独立。5月，江苏军政府成立，程德全摇身一变，由巡抚成为都督。

11月4日，贵州革命党人发动新军和陆军学堂学生起义，占领贵阳，成立贵州军政府，新军教练官杨荩诚为都督。

11月5日，安徽同盟会员联合团练发动起义，占领寿州，连克颍上、亳州等地。8日，立宪派劝说巡抚朱家宝宣布独立，并推朱为都督。后来，起义军内部发生武装冲突，朱家宝感到形势不稳，逃离安徽，同盟会员孙毓筠、柏文蔚先后任安徽军政府都督。

11月6日，广西谘议局议决与清政府脱离关系，推巡抚沈秉堃为都督。不久，前清军提督陆荣廷发动兵变，攫取了都督职位。

11月9日，福州同盟会员许崇智率军起义，推第十镇统制孙道仁为福建军政府都督。同日，广东宣布独立，两广总督张鸣歧逃入租界，同盟会员胡汉民任都督。

从10月10日武昌起义到11月9日，短短一个月内，全国已有湖北、湖南、陕西、江西、山西、云南、浙江、江苏、贵州、安徽、广西、福建、广东等13省和最大城市上海以及其他省许多州县宣布起义，清

朝的一部分海军也投奔到革命方面来。至11月下旬，四川重庆革命党人发动起义，川东南50多州县响应。在四川资州，一部分新军起义，杀死了前来镇压保路运动的端方。河南信阳附近京汉铁路工人和农民组成的民军，拆毁铁路，袭击军用列车，有力地支援了武汉革命军。甚至在清王朝统治中心地区直隶，革命党人也策动驻滦州的新军第二十镇和驻保定的新军第六镇举事。

革命在全国范围内如火如荼地发展，有些地区的农民群众在农村中也掀起反封建斗争的风暴。江苏常熟、江阴、无锡三县交界地区爆发了农民武装暴动，农民们烧毁恶霸地主的房屋，竖立起“革命大部督”的旗帜。上海附近各县农民，也普遍掀起了抗租斗争。湖南衡阳、醴陵等十几个州县农民起义，围攻县署，杀逐贪官污吏和土豪劣绅。陕西自咸阳到凤翔、陇州的数百里地区内，到处发生戮官劫狱等暴动。四川农民在各州县猛烈地展开反抗清军和地主武装的战斗。奉天辽阳、辽中、凤凰、庄河、复州等地和山东的民军都迅速发展，声势浩大，迫使东北三省和山东的清朝地方官吏不得不宣布半“独立”，借以应付岌岌可危的局面。几乎全国各省无不发生规模大小不等的群众起义或暴动。

与此同时，许多少数民族地区也发生了响应武昌起义、拥护共和制度的革命运动。内蒙地区一部分蒙古族和汉族的同盟会员，曾经在学校、军队、会党和反清士绅中进行工作。武昌起义后，归化（今呼和浩特）、陶林（今察哈尔右翼中旗）、包头、丰镇等地的革命党人纷纷响应，组成革命军，12月间一度攻克丰镇。次年初，又配合山西革命军占领包头，成立革命军政府。1911年12月下旬，在新疆乌鲁木齐爆发了有哥老会和当地少数民族参加的武装起义。起义的消息迅速传到革命党人活动的中心——伊犁。1912年1月，起义军占领伊犁，组织了“汉、满、蒙、回、藏五族共和会”，宣布“五族共和”，并成立了临时政府。

资产阶级革命派在推动这次革命迅速走向高潮中起了很大的作用。分散在各地的同盟会员以及与同盟会有联系的各地革命组织，在武昌起义后积极策动响应，促进了革命形势在全国蓬勃发展。但是，面临着如此广泛和迅猛的革命高潮，资产阶级革命派却没有一个统一的坚强的领导核心。同盟会组织很不健全，缺乏一个彻底反帝反封建的斗争纲领和把革命推向前进的统一的革命步骤。他们既害怕帝国主义出面干涉，又担心农民群众把反封建斗争深入开展下去，因此希

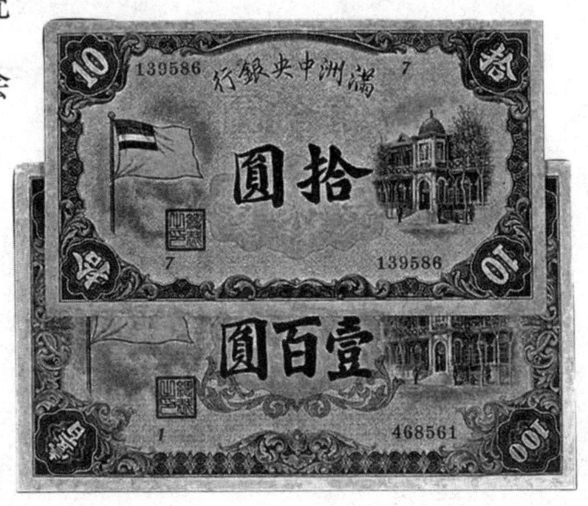

望尽快推翻清朝，建立共和制度，缩短革命的历程，在这过程中，就难免使革命的果实落入立宪派和旧官僚的手中。

资产阶级立宪派迫于革命声势的压力，利用自己在各省谘议局中所取得的地位，策动清朝官员“反正”，宣布“和平光复”，一定程度上对清王朝的崩溃起了积极作用，但他们的本质却是维持旧秩序，防止革命的深入开展，窃夺权位。湖南起义后，曾一度设立筹饷局，按房地产和田产的多寡摊派捐款，以保证革命的需要。湖南绅商和立宪派激烈反对，把这个革命措施说成是“暗无天日”“鸡犬不宁”。他们唆使旧军官在湖南起义后十天发动兵变，杀害都督焦达峰等人，推立宪派首领谭延闿为都督。就这样，立宪派与旧官僚采用“和平”的乃至流血政变的手段，先后取得了湖北、湖南、江苏、浙江、广西、贵州等许多省军政府的权力。

另一些省区，如上海、广东、安徽、江西等地，表面上权力掌握在资产阶级革命派手中，但是，这些革命党人掌权以后，由于地位发生了变化，很快地向右转了，其中有些人已蜕化为新官僚政客。当时宣布起义的各省，无论是革命派掌权，还是立宪派、旧官僚掌权，几乎一律压制工农群众的革命运动，解除群众武装，府县基层政权基本上没有触动。四川的几十万保路同志军被遣散，广东的十几万民军被裁撤，湖北军政府通告全省各州县官绅赶办团练，防止农民暴动，并派军队镇压会党武装。资产阶级革命党人刚刚取得局部的政权，就同人民群众对立起来，他们不可能把民主革命引向真正的胜利。

无论如何，革命的浪

潮迅速地席卷了整个中国，推翻旧政权、建立新制度是大势所趋，也是历史的选择。武昌起义胜利后的短短两个月内，各省纷纷响应，湖南、广东等十五个省均宣布脱离清政府独立。在资产阶级民主革命的巨大洪流中，反动的清王朝土崩瓦解了。1912年1月1日，中华民国临时政府在南京成立，孙中山被推举为临时大总统。1912年2月12日，末代皇帝溥仪宣布退位，清朝灭亡了，统治了中国两千多年的封建制度也终于走向了末路。

（四）阳夏保卫战

“阳”指汉阳，“夏”，即汉口，古称夏口。“阳夏保卫战”正是因此而得名。阳夏保卫战是武昌起义系列战事之一，而且是其中进行时间最长、牵涉地区最多，动员民众力量最大的一场战事。

武昌起义爆发后，清政府迅速做出反应，即刻命令陆军大臣荫昌赶赴湖北，令所有湖北各军及赴援军队均任其节制。同时命令海军提督萨镇冰率领海军和长江水师，迅速开往武汉江面。14日，清政府编组一、二、三军，以随荫昌赴湖北的陆军第四镇及混成第三协、十一协为第一军，荫昌为军统（也称总统）；以陆军第五镇为第二军，冯国璋为军统；以禁卫军和陆军第一镇为第三军，载涛为军统。三军迅速向汉口附近集结。面对这一形势，湖北军政府决定首先扫荡汉口敌军，继而向北推进，阻止清军南下。从10月18日出战汉口，到11月27日汉阳失陷，革命党人共战斗了41天，史称“阳夏保卫战”或“阳夏战争”。

武昌起义之初，战事主要集中在武昌城。武昌光复后，战火又

烧过了长江，迅速蔓延到汉口、汉阳。革命军和清政府武装就在这两大城镇市区及市郊的多处地点展开了长达41天的战斗。

1.刘家庙之战

刘家庙之战是阳夏保卫战的先声，也是革命军取得的第一次大捷。

刘家庙本来是一个地名，今汉口黄埔路到丹水池一大片地区，据说清代这一带曾经有过一座庙，名刘家庙，后来庙毁，留下这个地名。刘家庙车站，即今天的江岸车站，位于汉口以北10公里处，是当年京汉铁路进入汉口城区的第一个车站。这里是清政府南下援军的必经之路，也是革命军保卫汉口的前哨阵地，这正是阳夏保卫战从刘家庙开始的原因。

10月10日晚，被革命军攻占之后，曾经在湖北省督府与革命军顽抗的湖北提督张彪，随总督瑞澄乘军舰逃往汉口。因收到清王室的电文指示，10月13日，张彪带领部分清兵占据汉口刘家庙车站，准备和南下的北洋军会合，保住汉口，反攻武昌。

10月18日凌晨，革命军第二协一部在炮火支援下，经汉口刘家花园（今武汉市少年宫）、歆生路（今江汉路）西北端、洋商跑马场，掩护步兵沿租界后铁路挺进，以二协四标谢元凯所部为先锋，正面进攻刘家庙。革命军发动多次冲锋，均被敌人打退，伤亡很大。

10月19日，革命军约三千人，以骑兵为前锋，在炮兵支援下，从两翼发动进攻。战至中午，清军窜入棚户继续顽抗。革命军改用火攻，使清军无法立足，向三道桥撤退。革命军占领刘家庙。当晚，汉口全市欢庆刘家庙大捷，革命军士气大增。

10月21日，革命军进攻三道桥，清军用机关枪猛烈扫射，革命军伤亡很大。军政府当晚召开会议，鉴于进攻受挫，决定暂取守势。此后几天，两军在三道桥南北对峙。这时，清北洋军大部南下，已部署在孝感、祁家湾、滠口一线，设司令部于孝感。

2.大智门之战

大智门是汉口北城圈八大城堡之一，1906年京汉铁路修通，城堡拆毁改建火车站，即大智门火车站。就在刘家庙之战激烈进行之时，革命军曾一度以大智门车站为防御堡垒。1911年10月27日，刘家庙失守，革命军退至大智门；10月28日，清军强攻大智门，革命军处于不利地位。大智门争夺战前后三天，清军采取扇面攻势，从刘家庙沿铁路线向西，向大智门车站进攻；从姑嫂树、岱家山、西商跑马场（今汉口解放公园一带）往西南行动，向汉口市区中心进兵。清军命令炮兵避开租界，大炮向华人居住区猛轰，革命军及市民死伤惨重，大智门车站被炸成了废墟。

3.汉口街市巷战

10月28日，清军占领大智门，革命军退到循礼门再退到歆生路（今江汉路中山大道以北，江汉路步行街与京汉大道相交一段），借街边商店民居为屏障，和清军开始街巷争夺战。循礼门，清代汉口北部八大城堡之一，1916年修筑循礼门车站，2010年拆毁。京汉铁路从这里经过到玉带门车站调头，歆生路在这里和京汉线十字相交，从歆生路南去是汉口闹市区，跨过后城马路（今中山大道），向南是长江江边商业区，向西是六渡桥华

人居住区也是商业区。所以，当年的循礼门是重要的军事据点，汉口城圈的北门户。

自大智门之后，汉口保卫战，革命军没有总指挥，将近三千官兵阵亡，渡江到汉口的湖北新军正规军人所剩无几，湖南援军撤走，剩下的汉口守军队伍溃散，装备丢失，来不及整编，武昌政府派来炮队增援，但也是杯水车薪。此时的革命军锐气大挫，已经没有群体参战的实力。

10月28日，黄兴由香港经上海乘船来到武昌。黄兴是孙中山组建同盟会重要领导者之一，从1907年到1909年，在湖南、广东、云南等地，先后多次举行武装起义，均遭失败，1909年领导广州黄花岗起义，负伤后去往香港。作为一个革命理想主义者，他此次回国期望能与湖北革命者合作，彻底推翻腐朽清王朝，建立理想的中华共和国。黄兴来到武昌后，黎元洪立即任命他为战时总司令，全权指挥阳夏战争。

此时战事仍十分危急。北洋军从东面和北面向汉口市中心压过来，除了一支武装沿歆生路尾随溃退革命武装追击之外，另有一支大部队合围汉口北郊，从姑嫂树向西，经华商跑马场（今同济医科大学校园内），然后向南，以玉带门车站为堡垒，由汉口旧城区向长江和汉水交汇区呈片状推进，企图堵死汉口军民最后

的逃生之路。不久，循礼门失陷，一部分革命军沿铁路退到玉带门车站，希望守住汉口北城圈最后一个堡垒，但也一路溃退。10月29日，清军攻陷循礼门，革命军向南退却，退往汉口华埠商住区。清军跨过铁轨，沿街追击，搜寻每一幢房屋和每一条巷道。

10月29日当天，黄兴赶往汉口六渡桥满春茶园，指挥汉口军民与北洋军的街市巷战。巷战自循礼门京汉铁路以南的歆生路开始，革命军躲进街巷，暗中朝清军开火，穿街过巷，和穷追不舍的清军在老汉口城区环绕迂回，从歆生路退到后城马路，从后城马路退进花楼街（今汉口佳丽广场背后，街道纵横交错，连通中山大道和沿江大道，穿越汉口旧城区）、黄陂街（今武汉关附近）、王家巷（今沿江大道王家巷码头）、四官殿（今沿江大道四官殿码头），朝龙王庙（今沿江大道龙王庙公园）方向撤退。

在敌众我寡的情况下，革命军且战且退，向汉水和长江交汇处转移。循礼门陷落之后，革命军已经衰弱不堪。在汉口市民的保护与指引下，革命军在街巷曲折、纵横交错的汉口老城中退进街巷，艰难作战。黄兴在满春茶园，组织溃退革命军600人结集反攻，曾经一度到达玉带门，但是在清军强大火力下退回六渡桥和硚口。

由于交战双方实力悬殊，汉口之战，虽败犹荣。

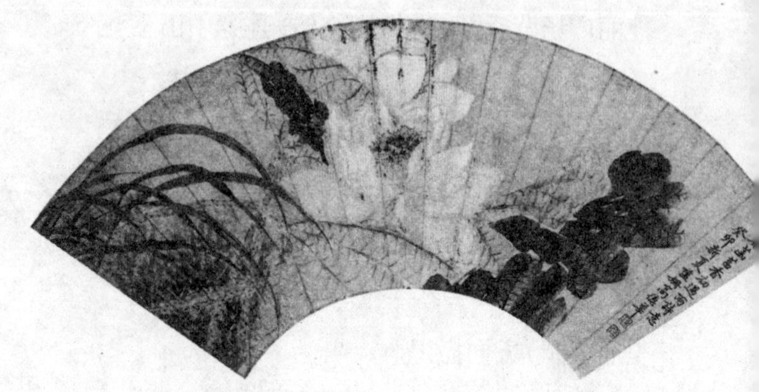

4.汉阳保卫战

阳夏保卫战由进攻争夺战逐渐转为后撤防守战。黄兴领导的革命军的首要目标变为以汉阳为前沿阵地拖住敌方的兵力，保住武昌城，保证湖北军政府的安全，保住武昌起义的成果。

11月上旬，全国十八个省宣布光复，宣布脱离清廷成立独立政府，形势对湖北军政府十分有利。湖南革命党人也派遣军队跨省赶来武汉，汉阳前沿渐渐聚集起湘鄂联军一万余人，革命形势好转，黄兴下令反攻汉口。

11月16日，驻扎汉阳的革命军绕过清军在南岸嘴设下的重装布防，从琴断口

（今江汉二桥汉阳桥头东侧琴断口街）搭浮桥渡过汉江，埋伏在汉水北岸（今宗关水厂一带）。11月17日，黄兴亲自率领反攻部队向汉口城区发起攻击，由西至东，沿着今天解放大道古田片向东行进，攻占博学书院（今武汉市第四中学）和既济水火公司水厂（今汉口宗关武汉市自来水公司，江汉二桥汉口桥头）。先头部队直逼玉带门。

清军对于革命党人的反攻十分惶恐，北洋军援军大批涌向玉带门，迎着革

命军的来势分两侧堵截，以炮兵掩护步兵，轻重武器一齐射击。由于敌军火力过于强大，革命军北翼受重创后撤，兵退如山倒，黄兴调令不动，只得放弃汉口撤回汉阳，也直接影响了汉阳守军的斗志。

与此同时，北洋军的另一支队伍，由孝感到新沟（古镇，位于汉水与汉北河汇合处，今属武汉市东西湖区），渡过汉水占据蔡甸，11月20日，从蔡甸进逼三眼桥，黄兴调动军队西向迎敌，11月21日，双方在三眼桥展开激战。

11月23日、24日，米粮山、仙女山相继失守，革命军退守锅底山和扁担山。11月25日，两路清军在扁担山一带会合，合力进攻汉阳守城革命军，锅底山和扁担山失守，清军从王家湾、十里铺长驱直入，近逼归元寺（中南名刹，清光绪建筑，今汉阳翠微横路20号）和汉阳铁厂（张之洞湖北工业基地之一，遗址在今汉阳区琴台大道旁边）。山地争夺战伤亡巨大的革命军，再也无力在平原上组织防御，数路清军分从汉口渡河，从琴断口、十里铺、五里墩、古琴台、南岸嘴沿河登岸，汉水堤防全线溃散，困守汉阳城的革命军只能拼死搏击，汉阳保卫战陷入绝境。汉阳守军随后渡江撤到武昌。

历时41天的阳夏保卫战就这样结束了。

（五）《鄂州约法》

1911年10月16日，湖北军政府颁布了《中华民国鄂州约法》，约法规定：人民一律平等；允许人民有各种民主、自由权利，如言论、出版、通讯、信教、居住、营业、保有财产、保有身体、保有家宅等；规定人民有选举和被选举的权利。同时，它对于政府组织、都督与议会的权限和职

责也作了明确的规定。这是中国第一部具有宪法性质的法令，在历史上具有重要意义。

武昌光复后，前湖北谘议局议长汤化龙等人于10月14日拟定了民国第一个政府组织法《军政府暂行条例》。条例共6章24条，规定都督握有军政大权，军政府由司令部、军务部、参谋部、政事部构成，四部“均直辖于都督，受都督之指挥命令，执行主管事务”“凡发布命令及任免文武各官，均属都督之大权”“司令、军务、参谋部自下级军官以上，政事部自局长以上，均由都督亲任”。这是辛亥革命后第一个省一级政府组织法案。

10月28日，黄兴、宋教仁等人来到武昌，黎元洪请黄兴任战时总司令，请宋教仁协助军政府处理外交事务。黎元洪与宋教仁、居正等人商议，湖北是首义之省，要作全国表率，仅有《军政府暂行条例》还不够，还需制定一部根本法，作为

将来民国宪法的蓝本。宋教仁曾在日本东京法政大学研究各国宪法和政治制度，众人便推他起草了《中华民国鄂州临时约法》（简称《鄂州约法》）。

《鄂州约法》共7章60条，取美国宪法精华，主张在地方自治的基础上实行联邦制，保障公民权利，确立三权分立原则，对行政、立法、司法三方面的职权作了明确的划分。

约法的“总纲”第一条规定：“中华鄂州人民，以已取得之鄂州土地为境域，组织鄂州政府统治之。将来取得之土地，在鄂州域内者，同受鄂州政府之统治；若在他州域内者，亦暂受鄂州政府之统治，俟中华中国成立时，另定区划。”第三条：“中华民国完全成立后，此约法即取消，应从中华民国宪法之规定；但鄂州人民关于鄂州统治域内，从中华民国之承认自定鄂州宪法。”

第二章第二十二条至三十四条确立了都督总揽军政大权的地位：都督由人民公举，任期三年，得连选连任一次；都督代表鄂州政府，总揽政务、公布法律、发布临时律令、于议会关闭期间召集临时议会、出席议会、与外国宣战媾和缔结条约、统率水陆军队、制定文武官职官规、依法律任命文武职员、依法律给予勋章及其他荣典、依法律宣告戒严、宣告大赦减刑复权。

第五章规定了议会的职权：议会由议员组成，议员由人民选举产生，有制定法律、通过条约、议定预算决算、

向政务委员提出质询，并对违法失职的政务委员进行弹劾等项职权。

第六章规定了法司的职权：法司由都督任命之法官组成，依法审理除行政诉讼以外的各种诉讼，法官除依法受刑罚宣告或应免职的惩戒宣告外不得免职。

此外，约法还规定，鄂州政府由都督及都督任命的政务委员、议会、法司构成；人民一律平等，享有言论、集会、结

社、信教、通信、居住、保有财产、营业等自由，享有人身、住宅不受侵犯。

这是中国历史上第一次采用三权分立原则的政权根本法。它首次正式规定人民依法享有民主权利，享有“自由保有财产”和“自由营业”的权利。取得政权的中国资产阶级在这里以法律形式宣告了自己的胜利并维护着既得的革命成果。

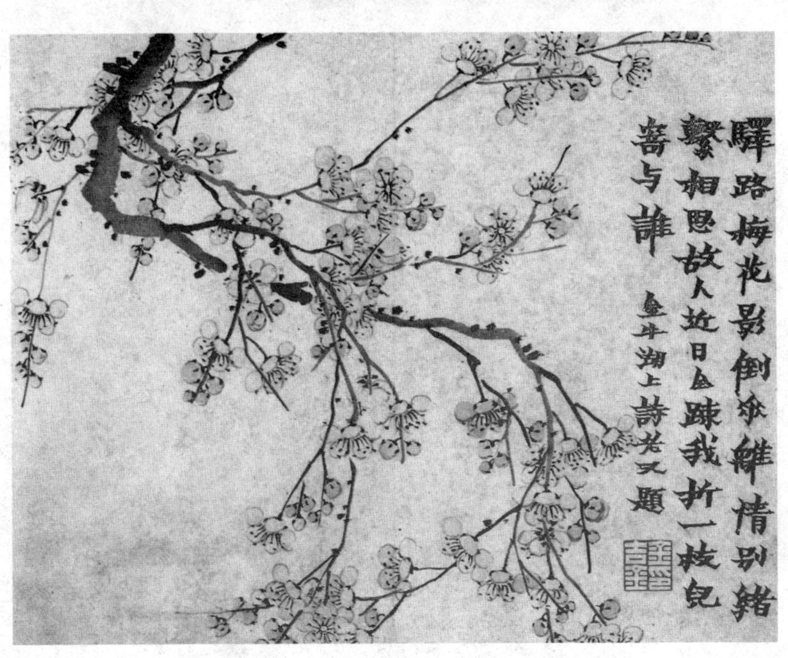

乾隆丁巳小春寫北宋人筆

四、英烈名册——武昌起义人物志

(一) 孙中山

1866年11月12日，在广东省香山县(今中山市)翠亨村的一户农家，一个婴孩呱呱坠地，而那时的人们还不知道，一个国家未来的命运都将因为他的降生而改变，他就是我国近代著名的民主革命家、中国国民党创始人、伟大的革命先行者——孙中山。

孙中山乳名帝象，学名文，字德明，

号日新，后改逸仙。他早年在檀香山、广州、香港等地比较系统地接受了西方式的近代教育，为他日后的革命生涯奠定了基础。1894年6月，孙中山到天津上书李鸿章，要求改革时政，却遭到冷遇。同年，中日甲午战争爆发了，清政府在战争中接连失败，孙中山进一步认清了清王朝的腐败无能，愈发坚定了救国的信念。遂赴檀香山，在华侨中宣传革命。

1894年11月24日，孙中山在美国檀香山发动广大华侨，组成了中国第一个资产阶级革命团体——兴中会，并在誓词中鲜明地提出了“驱除鞑虏，恢复中华，创立合众政府”的主张。兴中会的创立也标志着孙中山革命事业的开端。1895年1月，孙中山回到香港，成立了香港兴中会，准备在广州发动起义，因计划泄露而失败，被迫逃亡海外。清政府将他作为重要国事犯到处悬重赏通缉。此后他在海外活动16年，先后5次环游世界，在华侨中广泛宣传革命，建立革命组织。

1896年10月，孙中山在英国伦敦被清政府使馆诱捕后经他的老师英国人康德黎营救脱险。1905年8月，中国第一个资产阶级民主革命政党——“中国同盟会”在东京成立，孙中山被一致推举为总理。在同盟会机关报《民报》的发刊词里，孙中山首次提出了“民族、民权、民生”三大主义，即三民主义的政治纲领，其后，他又与梁启超、康有为等改良派进行了激烈的论战，后又编定“同盟会革命方略”，正式宣示进行国民革命，举所誓之四纲，力图创立“中华民国”，并定“军法之治、约法之治、宪法之治”三程序。

以孙中山为首的革命党人，积极发动武装起义。在辛亥革命前，孙中山前后共直接领导了10次武装起义，其中包括1907年5月的黄冈起义、6月的七女湖起义、9月的防城起义、10月的镇南关起义，1908年2月的钦州起义、4月的河口起义，

1910年2月的广州新军起义以及1911年4月27日的黄花岗起义、1895年的广州起义和1900年的惠州起义。这些起义虽然都失败了，却唤醒了中国人民，激发了他们的革命斗志，也敲响了清王朝的丧钟。

1910年11月，孙中山与黄兴、赵声等人在槟榔屿议定了广州起义的计划。这次起义原定于4月13日（农历三月十五日）在广州发难，赵声、黄兴为革命军的正、副指挥。但由于海外的募款和购买的武器未能及时到齐，并且临近起义前，温生才对清政府在广州的将军孚琦刺杀活动，引起了清政府的注意，于是，清政府下令加强戒严防范，并全城搜查革命党

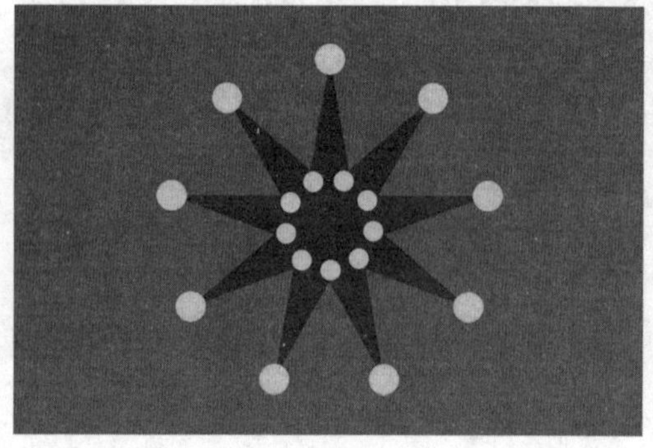

人，因而起义被迫延期至4月27日。当天下午5时30分，黄兴在形势十分不利又不得不起义的情况下，毅然率领120余名敢死队员直扑两广总督署，发动了同盟会的第十次武装起义——广州起义。虽然革命党人浴血奋战，全力抵抗，但因敌我悬殊等多方面原因，起义不幸失败，72名烈士在这次起义中遇难。遇难烈士的遗骸由潘达微等出面收葬于广州东郊红花岗，史称“黄花岗七十二烈士”。潘达微还将红花岗改名为黄花岗，这次起义因而也称“黄花岗起义”。广州起义虽然失败了，但它在很大程度上打击了清政府的统治，加快了全国革命高潮的到来，更为后来的武昌起义瓦解清政府政权奠定了基础。

1911年10月10日，武昌起义爆发，之后，各省同志纷纷响应，革命至此终于取得了第一次成功，并开始形成了全国规模的辛亥革命。

由于自1907年起，清政府一直全力追缉孙中山，迫使孙中山长期居留欧美各国。武昌起义成功后，孙中山终于再度踏足中国国土。1911年12月20日，孙中山赶赴上海，并于28日被推选为中华民国“临时大总统”。1912年1月1日（辛亥年十一月十三日），孙中山在南京宣誓就任临时大总统，宣告中华民国临时政府成立，以中华民国为纪元，改行阳历。临时参议院于月底正式组成。孙中山在临时大总统就职宣言中表示，一定要“能尽扫专制之流毒，确定共和，普利民生，以达革命之宗旨，完国民之志愿”，“临时政府成立以后，当尽文明国应尽之义务，以期享文明国应享之权利”。

在孙中山组阁的中华民国临时政府中，革命派占据绝对优势，但同时也吸收了一些旧官僚和立宪派。孙中山在临时大总统任内推行了一系列的社会和政治改革，制定了《中华民国临时约法》，规定“中华民国之主权，属于国民全体”，公民有人身、选举、参政、居住、言论、出版、集会、通信和宗教信仰的自由和权利，并发布了一系列有关政令。在外交上，表明“得与世界各邦敦平等之睦谊”，加入“公法所认国家团体之内”。在经济上，废除清代的苛捐杂税，保护民族工商业，奖励华侨在国内投资。在文化教育方面，提倡“自由、平等、博爱”为宗旨的“公民道德”教育，废止小学读经。中华民国的成立结束了中国长达两千多年的封建帝制，建立了亚洲历史上第一个民主共和国，使民主共和的观念从此深入人心，具有伟大的历史意义。辛亥革命至此取得了阶段性的胜利。

但是，由于立宪派和其他旧势力对袁世凯的支持以及革命党人的妥协态度，孙中山被迫于1912年2月13日向临时参议院提出辞职，并荐袁世凯以自代。3

月8日，袁世凯在北京就职。临时参议院选举袁世凯为中华民国临时大总统。辛亥革命的胜利果实就这样被袁世凯窃取了。

袁世凯上台后，逐步实现其变共和为专制的阴谋。1913年3月20日，他派人在上海暗杀了国民党代理理事长宋教仁；4月，又非法签订善后大借款，准备发动内战，消灭南方革命力量。孙中山看清了袁世凯的真面目，发动了二次革命，江西、南京、上海、四川等地先后起兵讨袁，但因国民党内部涣散，在袁军的进攻下，不到两个月先后失败。二次革命失败后，孙中山被迫逃亡日本。1914年7月，他在东京成立中华革命党，被推举为总理，继续领导反袁斗争。

1915年12月，袁世凯不顾全国人民的反对，悍然称帝。12月25日，爱国将领蔡锷首先在云南举起了讨袁护国的旗帜，各省纷纷响应。袁世凯被迫取消了帝制，在众叛亲离中死去。袁世凯死后，中国仍处于各派军阀割据混战的动乱局面。张勋复辟事件发生后，孙中山立即举起护法旗帜，号召国会议员南下护法。

1917年9月1日，在广州召开的国会非常会议上，孙中山当选为中华民国军政府大元帅。军政府成立后，滇、桂军阀通过改组军政府排挤孙中山。1918年5月4日，孙中山向非常国会提出辞职，离粤赴沪。自此到1920年11月，孙中山在上海完成了《孙文学说》《建国方略》《建国大

纲》等著述。为了建立一支真正的革命力量，1919年10月，孙中山把中华革命党改组为中国国民党。此时，俄国十月革命和中国五四运动已经爆发。1920年10月，在孙中山的督促下，陈炯明率粤军攻克广州。11月，孙中山回到广州，重新护法军政府。1921年5月，孙中山在广州就任非常大总统，成立正式政府。

1922年6月，陈炯明发动叛乱，孙中山被迫离开广州再赴上海，二次护法运动又告失败。此后，孙中山接受了中国共产党和苏俄的帮助，提出联俄、联共、扶

助农工的三大政策。1923年初，在驱逐陈炯明后，孙中山在广州重建大元帅府，并邀请苏联政治和军事顾问到广州帮助中国革命。1924年1月，在广州召开的中国国民党第一次全国代表大会上，孙中山重新阐释了三民主义。同时，他又创办黄埔军官学校，训练革命武装干部。同年10月，在镇压广州商团叛乱后，孙中山应北京政府之邀，扶病北上共商国事，终因积劳病剧，于次年3月12日在北京病逝。

孙中山先生是中国伟大的民主革命家，始终不渝地坚持革命的立场与方向，为革命事业奔波一生。他首举彻底反封建的旗帜，“起共和而终帝制”，组织革命政党，发动武装起义，领导了震惊中外的辛亥革命，推翻了中国历史上延续几千年的封建王朝专制统治，开创了中国民主革命风起云涌的历史新篇章。

因为有了孙中山坚持不懈的努力和对革命理论的积极宣扬，广大中国民众才得以摆脱封建思想的束缚，迎来民主共和的曙光。孙中山以他一生的努力，促进了中国民主革命运动的发展，扩大了民主革命运动的影响，使得民主共和的观念深入人心。孙中山无愧是伟大的革命先行者。他的理论学说、立场信念与品德情操，都成为了历史的绝响。他的功绩永垂青史，他的精神将永远激励后人。

（二）黄兴

黄兴是中国近代著名的民主革命家，他常与孙中山并称“孙黄”，是中华民国

的开国元勋之一。清末的许多重要革命团体和革命活动多为孙中山与黄兴共同谋划组织的。

黄兴出生于1874年10月25日，原名轸，字廑午，后改名兴，湖南善化（今长沙）人。黄兴早年曾受时任湖广总督张之洞的推荐，入武昌两湖书院读书，开始同情维新运动，认同变法主张。1902年，于两湖书院毕业后，他被派赴日留学，入东京弘文书院速成师范科学习，并参与创办《湖南游学译编》杂志，组织“湖南编译社”，介绍西方科学文化。

1903年，沙俄加剧侵华，同年4月，为

反对沙俄拒不从东北撤兵，黄兴同留日学生二百多人掀起抗俄运动，组织拒俄义勇队（后改称学生军、军国民教育会），随后以军国民教育会运动员的名义归国。回长沙后，他任教于明德、修业等学堂，暗中进行反清革命活动。1903年11月4日，他借30岁生日为名，邀陈天华、宋教仁、张继、刘揆一、章行严等二十余人，在长沙坡子街附近的保甲巷彭渊恂宅集会，筹商成立秘密革命团体——华兴会，并以兴办矿业为名成立了华兴公司。1904

年2月15日，华兴会在长沙龙璋的西园寓所正式成立，以“驱逐鞑虏，复兴中华”为革命口号，黄兴被公推为会长。他提出，革命应当在湖南首先发难，争取各省响应的方略，并决定从联络军、学两界和会党入手。随后约半年时间，华兴会大力招募会员，并在外地设立分会，同时联络其他同性质的组织，议定于农历十月十日慈禧太后70岁寿辰时在长沙发动起义。但过了不久，起义风声走漏，清朝官府派兵查封了华兴会，起义未发动即失败。黄兴从长沙转移到上海，继而被迫流亡日本。

1905年，黄兴在日本结识了孙中山，并大力支持孙中山筹组全国革命团体同盟会。同年8月20日，中国同盟会在东京正式成立，黄兴任同盟会庶务，成为同盟会中仅次于孙中山的领袖。此后，黄兴以主要精力从事武装起义，亲自掌握留日陆军学生的入会工作，并从中选拔一些坚定分子组成一个严密的团体“丈夫团”，为进行武装斗争准备力量。

1907年到1908年间，黄兴参与或指挥了钦州、防城起义，镇南关（今友谊关）起义，钦州、廉州、上思起义与云南河口之役等多次武装起义。1909年，受孙中山之托，黄兴到香港成立同盟会南方支部，并策划广州新军起义。起义失败后，黄兴与孙中山等人在南洋槟榔屿集会，决议倾全党人力物力，在广州再举，与清军决一死战。

1911年初，同盟会在香港成立了领

导起义的总机关统筹部，黄兴任部长。4月，广州起义（也称黄花岗起义）爆发，黄兴率领敢死队百余人猛攻两广总督衙门，许多革命党人在起义中英勇牺牲，事后收殓殉难者遗体时，发现有八十余具，其中察实身份者七十二具，史称“黄花岗七十二烈士”。黄兴指挥队伍杀敌，战至最终只剩他一人，并且在战斗中右手负伤，断去两指。

广州起义失败后，黄兴一度在香港养伤，并支持宋教仁、谭人凤等在上海成立同盟会中部总会。1911年10月10日，武昌起义爆发，黄兴于28日赶到武汉，被任命为革命军战时总司令，率军在汉阳前线与清军奋战二十余日。11月27日，汉阳失陷后，他又转赴上海。南京光复后，独立各省代表会议选举他为大元帅，后改为副元帅代行大元帅职权，他仍一再推让，均未赴任。

1912年1月1日，中华民国南京临时政府成立，黄兴任陆军总长兼参谋总长。袁世凯窃取政权后，临时政府北迁，黄兴任南京留守，主持整编南方各军。后因没有

经费，军队哗变，乃取消留守，退居上海。同年8月，同盟会等组织改组为国民党，黄兴被推举为理事。1913年3月，袁世凯派人暗杀国民党代理事长宋教仁，7月，孙中山主张兴师讨袁，发动二次革命。7月14日，黄兴由上海至南京，在南京强迫江苏都督程德全宣布独立。黄兴被推为江苏讨袁军总司令。9月，南京被北洋军攻陷，不久，二次革命失败，黄兴再次流亡日本。

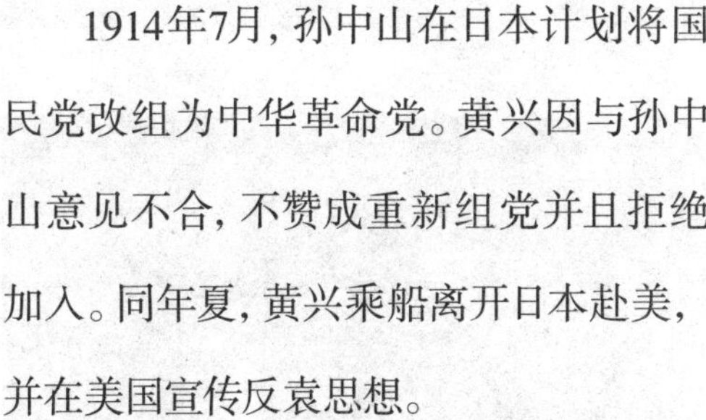

1914年7月，孙中山在日本计划将国民党改组为中华革命党。黄兴因与孙中山意见不合，不赞成重新组党并且拒绝加入。同年夏，黄兴乘船离开日本赴美，并在美国宣传反袁思想。

1915年12月15日，袁世凯悍然称帝。黄兴派人促进云南护国军起义，讨伐袁世凯，并在美洲为蔡锷所率领的云南讨袁护国军筹措军饷。1916年6月，因孙中山、蔡锷多次电催，黄兴由美国赶往日本，为国内反袁斗争筹款购买军械。当月，袁世凯忧愤而死。7月4日，黄兴从日本返回了上海，同孙中山恢复了往日的亲密关系。

由于长期为革命事业奔波劳累，黄兴积劳成疾，于1916年10月10日因胃出血入院，10月31日，因食道与胃静脉屈张破裂出血在上海去世，时年仅42岁。孙中山亲自主持了黄兴的治丧活动，次年4月15日，国葬黄兴于长沙岳麓山云麓峰下小月亮坪。

（三）蒋翊武

蒋翊武，湖南澧州（今澧县）人。原名保襄，亦作保湘，字伯夔。辛亥革命前夕曾任武汉文学社社长，主办《大江报》等报刊，是我国近代杰出的民主革命活动家、辛亥武昌首义的主要组织者和领导者、中华民国开国元勋。

蒋翊武自幼聪明过人，幼年入私塾读书，不仅熟读诗书，还写得一手很好的古文词赋。但是，他对科举不感兴趣，不想步入仕途。1903年，他进入澧州高等小

学堂，第二年又以第一名的成绩考入设在常德的湖南西路师范学堂。这时，革命思潮已在湘西北流行，蒋翊武阅读了清政府查禁的《扬州十日记》《嘉定屠城记》《黄帝魂》等书，接受了资产阶级民族主义、民主主义思想，萌生了推翻清政府的革命志向。

在华兴会联合武昌补习所准备发动起义之时，蒋翊武也参加了密谋。但是，由于起义事泄，清政府大肆搜捕革命人士，蒋翊武只好避回老家。1905年，他离乡赴上海，次年在上海入中国公学学习。

中国公学里革命党人很多，蒋翊武与他们接触频繁，革命思想更加成熟。在这期间，他和同学们组织了竞业学会，并由刘尧澄介绍加入了中国同盟会。

1909年秋，刘尧澄去汉口接办《商务报》，蒋翊武便随刘来到了汉口。汉口的革命活动非常活跃，不少革命者潜伏在新军里，成立团体，积蓄力量，使许多官兵接受了革命思想。

蒋翊武到汉口时，新军中有一个革命团体叫群治学社。不久，蒋翊武就进入了新军第四十一标第三营左队当兵，同时参加了群治学社。蒋翊武加入后不久，群治学社的活动就受到了挫折。1910年9月，群治学社改组为振武学社，最初推杨王鹏为社长，后来由蒋翊武主持社务。1911年1月30日，振武学社改名为“文

学社”。1911年3月15日，文学社在武昌小东门内同文学舍召开正式的成立大会，蒋翊武被推为社长。文学社成立后，积极扩大组织，开展活动，在新军中大量发展会员，以“联合同志研究文学”为名掩护革命活动。不久，新军各标营都有了文学社的成员和组织。在蒋翊武的领导下，文学社形成了一个坚强的革命团体，为反清武装起义聚结了一支人数可观的战斗力量。

1911年9月14日，蒋翊武与共进会首领孙武在武昌楚雄楼十号召开文学社和共进会联席会议，两团体正式合作，并派代表赴上海，与黄兴、宋教仁接洽。24日，两团体骨干在武昌胭脂巷密商举义方案，蒋翊武被推为“湖北革命军”总指挥。

10月9日，蒋翊武赶到武昌小朝街起义总指挥部，计划与革命党人商议发难时期。不料，是日中午，孙武等在汉口宝善里机关制炸药失事，革命党人的起义计划暴露了。蒋翊武了解事情真相后，考虑到数千革命同志的生命危在旦夕，便毅然决定当晚举行起义。他当即起草了起义命令，并让人抄写二十多份，分头送出。起义命令要求革命武装夺取武汉三

镇，听到中和门外炮声后，即分头攻占各自目标，楚望台军械库和清督署是攻击重点。但是，当晚11时，因感到事已暴露，蒋翊武认为即刻发动起义危险极大，便乘船离开了武汉。失去指挥的起义士兵当天夜里发动了起义，奋战一夜，终于在第二天占领了武昌。蒋翊武在船上听到起义的消息，便弃船上岸，赶回武汉指挥。

12日清晨，蒋翊武到达武汉，此时革命党人已推新军协统黎元洪为湖北都督，在谘议局设立了湖北军政府，蒋翊武闻讯后立即前去共商大计，协同筹划防御清军进攻和推动各地起义响应。他

以鄂豫招抚使的名义去汉口策动清军反正。汉口遭清军攻击，他组织督战队赶往前线与清军战斗。后来，汉口、汉阳守军不敌袁世凯北洋军的进攻，战时总司令黄兴辞职，蒋翊武被革命派推出来挽救危局。

南北议和后，蒋翊武在孙武主持的军务部挂名副部长。1912年2月，他在武昌创办《民心报》，与《中华民国公报》相对抗，并将文学社并入同盟会。临时政府北迁后，他被袁世凯调至北京，任大总统高等军事顾问。后来，袁世凯欲授予他勋二位，又授予陆军中将，加上将衔，都被蒋翊武婉辞了。8月，同盟会联合其他四个政团组成国民党，蒋翊武被推为参议，兼任汉口交通部部长，负责两湖及陕西三省党务。10月，蒋翊武返回湖北，设立汉口交通部各级机构。1913年初，国民党在国会议员选举中取得优势，宋教仁南下一路宣传自己的政见，蒋翊武也前往上海、武汉一带游说，争取人民对国民党的支持，并与新选议员磋商建国大计。

3月20日，宋教仁在上海被袁世凯派人刺死，蒋翊武感到靠议会和政党内阁是不能阻止袁世凯独裁统治的。宋案发生后，他从上海赶回湖北，拥护孙中山武力讨袁主张。7月25日，蒋翊武被任命为鄂豫招抚使，派往岳阳部署军队。8月6日，他遭到袁世凯通缉，不久，就在广西全州所属兴安县被捕。

1913年9月9日，蒋翊武在桂林丽泽门英勇就义，年仅28岁。蒋翊武牺牲后，一直受到人民的纪念。1921年，孙中山在桂林督师北伐，下令在丽泽门外为他立纪念碑，并亲笔题写了“开国元勋蒋翊武先生就义处”，镌刻于碑上。1916年9月，护国战争胜利后，蒋翊武的遗骸归葬在长沙岳麓山，湖南人民为他营建了墓塔，高耸于岳麓山腰的汉白玉墓塔，至今仍在不断地向人们讲述英雄的革命业绩。

春風三友
青杉書屋
士慎

五、千秋功绩——武昌起义影响与意义

武昌起义是资产阶级革命党人发动和领导的一次成功的武装起义，它打响了波澜壮阔的辛亥革命的第一枪，对中国近代历史的发展产生了巨大的影响，有着不可磨灭的重大意义。

武昌起义的成功，有其深刻的内在原因。湖北地区的革命党人经过长期坚持不懈的努力，在新军中发展革命力量，为起义的爆发和成功准备了雄厚的物质

基础。武昌起义之所以能够取得成功，主要有四个方面的原因。

首先，湖北地区的两个革命团体文学社和共进会在革命大目标一致的前提下，消除了门户之见，成功地实现了联合，使武汉地区的革命力量得以统一，从而奠定了起义成功的组织基础。其次，资产阶级革命党人成功地选择了起义的时机和突破口。1911年9、10月间，全国革命形势趋于成熟，资产阶级革命党人利用部分湖北新军调往四川镇压保路运动之机，果断决定选择革命力量雄厚的华中重镇武昌作为突破口，坚决发动起义，历

史证明了这一选择的正确性。再次，起义发动后，革命党人不失时机地向督署和镇司令部等敌之关键部位发动进攻，促进了起义的成功。最后，革命党人和广大参加起义的士兵的英勇奋斗精神，保证了起义的胜利。起义爆发前，武汉地区的革命党人处在群龙无首的状态，但他们仍然自行联络，发动起义。起义爆发后，他们不怕流血牺牲，顽强作战，终于将胜利的旗帜插上了武昌城头。武昌起义的成功对于辛亥革命的胜利意义重大。在武昌起义的影响下，全国范围的革命高潮很快形成，清政府正是在全国人民的不断

打击下才走向了灭亡。

武昌起义的成功，为中国革命带来了曙光，指明了方向。武昌起义的革命精神，也激励着无数的革命者，为中国的命运而积极奔走，前赴后继。武昌起义的革命精神，首先表现在武汉革命党人的历史主动精神和首创精神。他们积极宣传革命思想，发展革命组织，把握住了历史的机遇，适时地主动出击，发动首义，创立了湖北军政府。其次，武汉革命党人和人民群众还表现出了极大的革命精神和

献身精神。武昌起义的胜利，是革命党人长期坚持艰苦奋斗，以鲜血和生命换来的。如彭楚藩、刘复基、杨洪胜三烈士慷慨就义，程定国、熊秉坤勇于发难，纪鸿钧、王世龙舍身烧督署，都表现出了大无畏的革命献身精神。广大武汉三镇人民群众也同仇敌忾，支援革命，商人捐款，工人、农民、市民踊跃参军，与革命军并肩作战，痛击清军，最终共同取得了革命的胜利。

武昌起义作为辛亥革命的先声，有其伟大的历史功绩。首先，武昌起义的成功敲响了清王朝封建统治的丧钟。起义爆发后，革命军攻克总督府，占领武昌，消灭了清军的大批有生力量，在中国腹心地区打开一个缺口，成为对清王朝发动总攻击的突破口，并且起义的浪潮迅速席卷全国，燃起了燎原烈火，给清政府造成了致命的打击，直接致使1912年2月清帝被迫退位，终结了两百多年的清王朝封建统治，以及中国两千多年的君主专制统治，开创了历史的新纪元。其次，武昌起义还吹响了共和国诞生的号角。武昌首义创建了湖北军政府，成为共和政权的雏形，并引发各省响应，不到两个月就诞生了中华民国，建立了以孙中山为首的南京临时政府，取得了辛亥革命的重大胜利。武昌起义的伟大功绩与革命精神，必将功载千秋，彪炳史册，永远为世人所铭记。